MITFÜHLENDE KINDER GROSSZIEHEN

MITFÜHLENDE KINDER GROSSZIEHEN

HANLEY STANLEY

CONTENTS

Einführung in die mitfühlende Erziehung   1
1 Kernprinzip 1: Mitfühlendes Verhalten vorleben   5
2 Kernprinzip 2: Empathie und Perspektivübernahme le   9
3 Grundprinzip 3: Freundlichkeit und Hilfsbereitscha   13
4 Grundprinzip 4: Förderung eines positiven und inte   17
5 Kernprinzip 5: Grenzen setzen und konsequente Disz   20
6 Die Rolle der Kommunikation bei mitfühlender Erzie   23
7 Förderung der Belastbarkeit und des Selbstmitgefüh   26
8 Herausforderungen und Hindernisse bei der Kinderer   29
9 Vielfalt feiern und Inklusivität in der Kindererzi   32
10 Die Bedeutung der Selbstfürsorge für Eltern bei de   35
Fazit: Den Weg der mitfühlenden Erziehung beschrei   37

Copyright © 2025 by Hanley Stanley

All rights reserved. No part of this book may be reproduced in any manner whatsoever without written permission except in the case of brief quotations embodied in critical articles and reviews.

First Printing, 2025

Einführung in die mitfühlende Erziehung

Was bedeutet es, mitfühlend zu sein? Wir alle erkennen mitfühlende Menschen, wenn wir sie sehen. Sie sind geduldig, wenn wir immer wieder dieselben Geschichten erzählen. Sie bieten uns ihre Hilfe an, wenn wir umziehen müssen oder wenn wir heute Abend nicht mit dem Hund Gassi gehen können, weil wir uns krank fühlen. Sie sind mit einer beruhigenden Umarmung zur Stelle, wenn wir etwas einfach nicht meistern können, was allen anderen so leicht fällt.

Mitfühlende Kinder großzuziehen bedeutet mehr, als ihnen beizubringen, die Gefühle anderer zu erkennen und darauf zu reagieren. Eine mitfühlende Familie zu sein bedeutet, den Schmerz der Welt zu spüren und zu handeln, um ihn zu lindern, eine kleine Ecke der Welt nach der anderen. Es kann schwierig sein, genau zu definieren, wie eine mitfühlende Familie aussieht, aber wir erkennen sie intuitiv, wenn wir eine sehen – oder treffen. Mitfühlende Familien fallen auf.

Für mich sind es diese fünf Grundwerte und Praktiken mitfühlender Familien, die sie so besonders machen. Ich habe mit Familien gearbeitet, mit ihnen gesprochen und gelacht, die diese ganze Sache mit dem „durch und durch anständigen Menschen sein" zu verstehen scheinen. Diese Eigenschaften scheinen auch ein Kern ihres Charakters zu sein. Die Eltern, die ihren Tag scheinbar sehr bewusst gestalten, sind unverblümt mitfühlend. Sie alle definieren es ein wenig anders, aber wahres, maßvolles, mitfühlendes Verhalten ist ein Ziel, das bei allen Arten von Familien großen Anklang findet.

Hier sind die fünf Grundwerte, die meiner Meinung nach für mitfühlende Familien von entscheidender Bedeutung sind:

1. **Mitgefühl ist ein Lernprozess.**
2. **Wirklich mitfühlendes Verhalten kommt aus unserem Inneren und nicht durch äußere Belohnungen.**
3. **Eine mitfühlende Erziehung kann überwältigend sein, ist aber notwendig.**
4. **Mitfühlende Erziehung ist friedliche Beziehungsarbeit.**
5. **Sowohl Erwachsene als auch Kinder müssen davon überzeugt sein, dass andere sich für ihre Gefühle interessieren, um wirklich Empathie entwickeln zu können.**

Mitgefühl im Kontext der Kindererziehung definieren

Mitgefühl ist ein grundlegender Wert, der sich in zwischenmenschlichen Beziehungen widerspiegelt. Im Kontext der Erziehung wird Mitgefühl als ein Ausdruck liebevoller Güte gegenüber einem Kind in Einstellung und Verhalten verstanden. Es verbindet die Konzentration auf die Gefühle und Erfahrungen des Kindes mit dem Wunsch zu helfen, einer Orientierung am Verständnis der Erfahrungen des Kindes und der Verpflichtung, dem Kind zu helfen, mit der Situation umzugehen und sein Verhalten zu ändern.

Mitgefühl ist eine Reaktion auf das Leid von Kindern, sei es Kummer, Trauer, Angst, Wut oder sogar Glück. Eine solche Reaktion auf Kinder kann helfen, sichere, verlässliche und freundliche Werte zu entwickeln, aus denen weiteres Entwicklungspotenzial geschöpft werden kann. Auf einer tiefen existenziellen Ebene befähigt Mitgefühl ein Kind, Aufgaben zu bewältigen, innere Motivation und Vertrauen zu finden und in einer neuen Gestalt der gegenseitigen Durchdringung von Innen- und Außenwelten reaktionsfähig zu sein.

Die Erziehung ist von grundlegender Bedeutung, um ein Kind vor Schaden und Ausbeutung zu bewahren und ihm körperliches und psychisches Wohlbefinden zu vermitteln. Eltern sind Vorbilder für Werte, bieten Akzeptanz und erziehen ihre Kinder aktiv dazu, ihr Potenzial im Erwachsenenleben zu erreichen und zu entfalten. Mitfühlende Eltern versuchen, die Gefühle und Ansichten ihrer Kinder zu verstehen und signalisieren ebenso schnell ihre Fürsorge.

In diesem Abschnitt werden die fünf Grundprinzipien einer auf mitfühlender Fürsorge basierenden Kindererziehung erläutert. Dazu gehören die Prinzipien **Fürsorge**, **Klarheit**, **Engagement**, **Beständigkeit** und **kreative Konfliktlösung**.

Erweiterung jedes Prinzips:

1. **Pflege**:
    - Um Fürsorge zu zeigen, müssen Sie Ihrem Kind aktiv zuhören, sich in seine Gefühle hineinversetzen und seine Emotionen anerkennen.
    - Zur Pflege gehört auch, sich um die körperlichen Bedürfnisse Ihres Kindes zu kümmern, Trost zu spenden und eine sichere und fördernde Umgebung zu schaffen.
    - Praktische Möglichkeiten, Fürsorge zu zeigen: Tägliche Kontrollbesuche, Familienroutinen und engagierte Qualitätszeit.

2. **Klarheit**:
    - Klarheit bedeutet, klare Erwartungen, Grenzen und Verhaltensrichtlinien festzulegen.
    - Dazu gehört auch, dass Sie mit Ihrem Kind direkt und verständlich kommunizieren.
    - Praktische Möglichkeiten zur Wahrung der Klarheit: Einheitliche Regeln, klare Anweisungen und offene Diskussionen über Werte und Erwartungen.

3. **Engagement** :
    - Sich für das Wohl Ihres Kindes einzusetzen bedeutet, stets für es da zu sein, Verlässlichkeit zu zeigen und Versprechen einzuhalten.
    - Es geht darum, sich für ihre Entwicklung einzusetzen und sie bei Herausforderungen zu unterstützen.
    - Engagement praktisch zeigen: Konsequente Unterstützung bei den Aktivitäten, Anwesenheit bei wichtigen Momenten und sich Zeit für die Bindung nehmen.
4. **Konsistenz** :
    - Konsequenz in der Erziehung hilft Kindern, sich sicher zu fühlen und die Konsequenzen ihres Handelns zu verstehen.
    - Es geht darum, in Ihren Reaktionen vorhersehbar zu sein und eine stabile Umgebung aufrechtzuerhalten.
    - Praktische Möglichkeiten zur Aufrechterhaltung der Beständigkeit: Regelmäßige Routinen, konsequente Disziplin und stabile Familientraditionen.
5. **Kreative Konfliktlösung** :
    - Bei diesem Prinzip geht es darum, Kindern beizubringen, konstruktiv mit Konflikten umzugehen und Lösungen zu finden, die für alle Beteiligten funktionieren.
    - Dazu gehört die Förderung von Problemlösungsfähigkeiten, Empathie und Zusammenarbeit.
    - Praktische Möglichkeiten zur kreativen Konfliktlösung: Konfliktszenarien in Rollenspielen durchspielen, Gefühle und Lösungen diskutieren und Teamarbeit und Kompromissbereitschaft fördern.

CHAPTER 1

Kernprinzip 1: Mitfühlendes Verhalten vorleben

Zahlreiche Studien zeigen, dass Kinder schon früh im Leben dazu veranlagt sind, sich um andere zu kümmern und freundlich und kooperativ zu handeln. Ihre mitfühlende Veranlagung wird insbesondere durch die Art und Weise geprägt, wie ihre Bezugspersonen reagieren und Mitgefühl in ihrem Alltag vorleben. Als Vorbilder für ihre Kinder sind das Mitgefühl und die Empathie der Eltern untereinander sowie gegenüber ihren Kindern mit der Entwicklung prosozialer Einstellungen und Verhaltensweisen bei ihren Nachkommen verbunden. Schon bevor die Eltern menschliche Handlungsbeeinflussung erfahren, sind Kleinkinder einer warmen und fürsorglichen Umgebung ausgesetzt. Im Laufe der Zeit können die Werte und Einstellungen der Eltern als Vorbilder sowohl die moralischen Grundlagen als auch das Verhalten eines Kindes prägen.

Ausarbeitung des Kernprinzips: Mit gutem Beispiel vorangehen

Anders als bei der expliziten Vermittlung von Mitgefühl an Kinder betont Grundprinzip 1 die Schlüsselrolle der Eltern als Vorbild für mitfühlendes Verhalten. In den ersten Lebensjahren ist ein Kind beeinflussbar und lernt durch Beobachtung und Nachahmung. Schon im Säuglingsalter wird die Fähigkeit, sich an die geistigen und emotionalen Zustände anderer anzupassen, durch das sanfte Halten einer Bezugsperson aufgebaut. Eltern sind die ersten und wichtigsten Lehrer, die den sich entwickelnden Kleinen zeigen, wie sie sich um die unterschiedlichen Gefühle und Bedürfnisse anderer kümmern und ihnen mit offenem Herzen zuhören können. Indem wir unseren Kindern helfen, eine Grundlage für Mitgefühl zu entwickeln, können sie in großen und kleinen Zeiten darauf zurückgreifen, denn oft entstehen aus Momenten kleiner Opfer und unterdrückter Eigeninteressen Wachstum und Entwicklung.

Mit gutem Beispiel vorangehen

Um Kindern ein mitfühlendes Leben vorzuleben, muss man mit gutem Beispiel vorangehen. Die Art und Weise, wie Eltern sich gegenüber anderen verhalten und mit ihnen sprechen, hat einen enormen Einfluss auf Kinder. Sie hören nicht nur auf die Ideen, Werte und sozialen Erwartungen, die ihnen gegenüber geäußert werden, sondern auch auf die, nach denen Eltern und andere Autoritätspersonen zu leben scheinen. Wenn es einen Widerspruch zwischen Worten und Taten gibt, ist es wahrscheinlicher, dass sie auf letztere hören und sich von ihnen beeinflussen lassen. Deshalb ist es eines der wirkungsvollsten Dinge, die Eltern tun können, mit gutem Beispiel voranzugehen und andere und ihre Kinder mit Geduld, Freundlichkeit und Höflichkeit zu behandeln. Das bedeutet nicht, ein perfekter Elternteil zu sein, aber es bedeutet, einen wohlüberlegten Ansatz bei der Erziehung zu haben und konsequent guten Willen zu zeigen, wenn es darum geht, Grundprinzipien zu fördern.

In unseren Interaktionen mit unseren Kindern von Moment zu Moment schaffen wir die emotionale und psychologische Umgebung, die ihnen hilft, die Art und Weise zu akzeptieren, zu lernen und dann so zu leben, wie es sich die Eltern wünschen. Hier sind einige Dinge, die Sie beachten sollten, um durch Ihre Erziehung ein mitfühlendes Leben zu demonstrieren:

1. **Konsistenz zwischen Worten und Taten** :
   - Entscheidend ist, dass das Gesagte mit dem Gesagten übereinstimmt. Es geht nicht nur darum, eine einmalige Botschaft über Großzügigkeit oder Mitgefühl zu senden. Es geht darum, den Kindern die Sichtweise zu vermitteln, dass die Werte, über die Sie sprechen, die richtigen sind und dass sie ihnen dabei helfen, sich in der Welt zurechtzufinden.
   - Wenn Sie sagen, dass Rücksichtnahme wichtig ist, und dies auch anderen gegenüber zeigen, ist es viel wahrscheinlicher, dass Kinder glauben, dass anderen dieser Wert ebenfalls wichtig ist und sie ihn als vernünftigen Richtwert für ihr Verhalten ansehen.
2. **Modellierung täglicher Aktionen** :
   - Durch über einen längeren Zeitraum hinweg konsequent durchgeführte Maßnahmen können Eltern ein Vorbild dafür sein, was einen guten Erwachsenen ausmacht.
   - Einfache Taten wie Freundlichkeit, Geduld und Empathie im alltäglichen Umgang können bei Kindern einen bleibenden Eindruck hinterlassen.
3. **Schaffen einer unterstützenden Umgebung** :
   - In einer emotional und psychologisch unterstützenden Umgebung fühlen sich Kinder sicher und verstanden, und es fällt ihnen leichter, mitfühlendes Verhalten zu entwickeln.

- Wichtige Bestandteile sind die Förderung einer offenen Kommunikation, die Anerkennung ihrer Gefühle und das Zeigen bedingungsloser Liebe.

Eltern leisten einen Großteil ihrer besten Erziehung, indem sie mit gutem Beispiel vorangehen. Das konsequente Vorleben mitfühlenden Verhaltens vermittelt Kindern nicht nur wertvolle Lebenskompetenzen, sondern trägt auch dazu bei, eine mitfühlende und empathische zukünftige Generation heranzubilden.

CHAPTER 2

Kernprinzip 2: Empathie und Perspektivübernahme le

Das Unterrichten von Empathie und Perspektivwechsel ist das zweite Prinzip der fünf Grundprinzipien der Erziehung mitfühlender Kinder. Empathie zu verankern ist möglich, wenn Kinder eine klare Vorstellung davon haben, was Emotionen sind, und sie bei anderen erkennen können. Indem wir offen über Emotionen sprechen, zeigen wir, dass sie wichtig sind und besser verstanden werden können. Sobald Kinder sie bei sich selbst erkennen können, können sie auch die Emotionen bei anderen erkennen. Wir können Empathie fördern, indem wir besprechen und erklären, wie sich andere Menschen in einer bestimmten Situation fühlen könnten. Wir können auch besprechen, wie andere eine bestimmte Situation im Gegensatz zu unserer eigenen Sichtweise interpretieren könnten. Sobald Kinder ein starkes Verständnis für Perspektivwechsel haben, können sie auch lernen, beim Ausdruck ihrer Gefühle sensibel zu sein, da sie wissen, dass das, was sie ausdrücken müssen, die Gefühle anderer verletzen könnte. Schließlich können wir unseren Kindern beibringen, dass sie anderen gegenüber Fürsorge und Anteilnahme zeigen können, damit sich die Menschen um sie herum besser fühlen. Wenn wir den Ausdruck von Fürsorge kontinuierlich fördern, wird er irgendwann zur Gewohnheit.

Die Fähigkeit, die Perspektive eines anderen einzunehmen, ist wichtig und bildet die erste Grundlage für die Entwicklung eines Kindes zum Mitgefühl. Wenn Kinder ein starkes Verständnis für die Perspektive eines anderen entwickeln können, sind sie bereits auf dem besten Weg, ein aktives Gefühl der Anteilnahme und des Interesses daran zu entwickeln, die Erfahrungen der Menschen um sie herum zu verbessern. Der Kern von Empathie umfasst ein Verständnis für Emotionen und die Fähigkeit, die Perspektive eines anderen einzunehmen. Während Mitgefühl lediglich das Empfinden einer Emotion ist, ist Empathie die Ausrichtung des Interesses daran, die Dinge besser zu machen.

Ausarbeitung des Kernprinzips: Empathie und Perspektivübernahme lehren

Das Zeitalter der Besinnung auf den Mainstream-Individualismus hat ein Stigma gegen die Verwendung des Wortes Empathie hervorgebracht. Seine synonyme Verwendung mit dem Wort „Sympathie" und die damit verbundenen Konnotationen sind in unserem heutigen Wortschatz so negativ, dass die allgemeine Verwendung des Wortes Empathie als Form der Vermittlung in Vergessenheit geraten ist. Empathie und Mitgefühl sind keine tief biologischen Programme, sondern beinhalten mehrere Prozesse, die nicht einfach und elegant miteinander kommunizieren können.

Emotionale Intelligenz entwickeln

Emotionale Intelligenz: Empathie und Perspektivübernahme

Ein wichtiger Bestandteil zur Schaffung eines mitfühlenden Klimas ist die Vermittlung emotionaler Intelligenz. Emotionale Intelligenz umfasst die Fähigkeiten Empathie, friedliche Konfliktlösung und das Lösen zwischenmenschlicher Probleme. Der wichtigste Teil der emotionalen Intelligenz ist Empathie. Empathie umfasst die oben beschriebenen Fähigkeiten zur Perspektivübernahme. Mit dieser Fähigkeit sind wir in der Lage, uns in die Perspektive einer anderen Person hineinzuversetzen. Wir denken über ihre Gefühle und Erfahrungen ebenso nach wie über unsere eigenen.

Empathie wächst, wenn wir emotional kompetenter werden. Wenn wir benennen können, was wir oder eine andere Person fühlen, haben wir ein neues Maß an Kontrolle. Dieses Maß an Kontrolle wiederum fördert unsere Fähigkeit, empathisch oder mitfühlend zu sein. Um mitfühlendes Handeln bei Kindern zu fördern, müssen Eltern ihnen helfen, einen vielfältigen Wortschatz an Gefühlswörtern aufzubauen, ihre eigenen und die Gefühle anderer mit diesen Wörtern zu erkennen und zu lernen, mit Problemen umzugehen und sie zu lösen oder alternative Verhaltensweisen einzuführen, die zu mitfühlendem Handeln führen.

Emotionale Intelligenz ist für Eltern von grundlegender Bedeutung, wenn sie versuchen, ihren Kindern Empathie beizubringen. Sowohl emotionale Intelligenz als auch Empathie sind bewusst gewählte Ausdrucksformen unserer Liebe. An örtlichen Universitäten und Schulen stehen immer mehr Ressourcen, Kurse und Studien zu Übungen zur emotionalen Kompetenz zur Verfügung. In wissenschaftlichen Zeitschriften finden sich zahlreiche Studien, die einen direkten Zusammenhang zwischen emotionaler Intelligenz und sowohl schulischem Erfolg als auch allgemeinem Erfolg auf dem Arbeitsmarkt belegen. Viele sind der Meinung, dass das Leben ihrer Kinder davon ebenso profitieren würde, wenn sie als Erwachsene in diesem Bereich besser entwickelt wären.

Obwohl manche Kinder mit mehr Empathie geboren werden als andere, gibt es eine Reihe von Erziehungstechniken und Übungen, die dabei helfen können, die mitfühlende Natur von Kindern zu fördern. Es ist möglich, dass Kinder oft das fühlen, was andere fühlen, weil sie die Stimmlage und Mimik anderer leicht imitieren können, um Empathie aufzubauen oder zu verringern. Selbst wenn Kinder mit einigen dieser Tendenzen zur Empathie geboren werden, muss diese Eigenschaft gefördert werden, um stärker zu werden. Eltern müssen die Entwicklung ihres Kindes in diesem Bereich direkt beschleunigen. Kindern dabei zu helfen, ein Gefühl für Empathie und Sensibilität zu entwickeln, kann wichtiger sein als alle Fähigkeiten, die man ihnen beibringen kann.

CHAPTER 3

Grundprinzip 3: Freundlichkeit und Hilfsbereitscha

Die Förderung von Freundlichkeit und Hilfsbereitschaft ist das dritte der fünf Grundprinzipien der Erziehung mitfühlender Kinder. Wir können es besser machen, mitfühlende Kinder zu erziehen. Es wird allgemein angenommen, dass Empathie entweder vorhanden oder nicht vorhanden ist, während die neueste Forschung nahelegt, dass sie eher wie ein Muskel ist, der wächst, wenn man ihn trainiert. Wenn Eltern erst einmal verstehen, wie wichtig es ist, Empathie bei ihren Kindern zu fördern, gehen sie davon aus, dass Mitgefühl und Hilfsbereitschaft von selbst folgen werden.

Das Prinzip des Dienstes gilt für alle Altersgruppen und Fähigkeiten. Dienst kann als wirkungsvolles Lehrmittel für soziale Verantwortung im Klassenzimmer angesehen werden, in der Überzeugung, dass Kinder durch mitfühlendes Verhalten zu freundlichen Menschen werden. Dieser Wert des Dienstes, zusammen mit allen anderen fünf Grundprinzipien, bestimmt das Programm „Sprache des Mitgefühls", das in den öffentlichen Schulen von Tacoma entwickelt wurde. „Wir glauben, dass der Wunsch, das Leid anderer zu lindern und ihnen zu helfen, aus ihrer Trauer aufzustehen, letztlich zu freundlichen Taten führt." Pädagogen am Search Institute gehen einen anderen Weg und verknüpfen jeden grundlegenden moralischen Wert mit einer Fähigkeit und Unterrichtsmöglichkeiten. Der Wert des Mitgefühls wird beispielsweise darin gesehen, sich um andere zu kümmern, darüber zu sprechen, wie es sich anfühlt, ausgeschlossen zu werden, und zu üben, denen zu helfen, die gemobbt werden. Laut dem Institut sind wirklich „fürsorgliche Kinder" (die Mitgefühl zeigen) auch motiviert, verantwortungsbewusste Bürger zu werden.

Altruismus – der selbstlose Wunsch, anderen zu helfen – ist ein anderes Konstrukt als Mitgefühl. Normativ gesehen ähnelt Altruismus eher der Idee des Dienstes, wobei Mitgefühl auf einer Stufe mit anderen Ideen und Einstellungen steht. Auf diese Weise passt Altruismus zu den Moralvorstellungen und Werten auf der linken Seite von Wilsons Schema, während Mitgefühl in der Mitte angesiedelt ist, in dem, was Wilson als „Tugend" bezeichnet. Altruismus umfasst das Sammeln von Teddybären für Kinder in einem kriegszerrütteten Land oder das Spenden von Geld für Mahlzeiten. Fürsorge besteht aus Ideen, die mit Freundlichkeit verbunden sind, wie etwa der Sorge um diejenigen, die schlecht behandelt werden oder krank sind.

Erläuterung des Kernprinzips: Förderung freundlicher und hilfsbereiter Taten

Nur Empathie zu lehren, reicht nicht aus. Wir müssen unsere Kinder aktiv dazu ermutigen, freundliche und hilfsbereite Taten zu vollbringen. Dadurch werden sie ermutigt, Empathie auf konkrete Weise zu üben und zu sehen, welche direkten Auswirkungen ihre Taten auf andere haben können. Indem wir diese Aktivitäten in ihr Leben integrieren, fördern wir ein Gefühl sozialer Verantwortung und bauen einen mitfühlenden Charakter auf.

Freiwilligenarbeit als Familie

Freiwilligenarbeit als Familie ist eine eindrucksvolle Möglichkeit, zu zeigen, dass wir uns um andere kümmern und mit der tieferen, mitfühlenderen Seite des Lebens in Kontakt sind. Wenn Kinder freiwillig mitarbeiten, fühlen sie sich wertvoll und kompetent. Sie sind Teil einer Gemeinschaft, treffen Menschen mit unterschiedlichem Hintergrund, teilen Erfahrungen und identifizieren sich mit denen, die weniger haben, und das alles, während sie die Wärme und das Mitgefühl der fürsorglichen Erwachsenen in ihrem Leben teilen.

Hier sind einige familienfreundliche Freiwilligenaktivitäten, die Sie in Betracht ziehen sollten:

- **Bereiten Sie einem Obdachlosen ein Truthahnsandwich zu und bringen Sie es ihm** : Erklären Sie ihm, wie wichtig Wohltätigkeit und Hilfsbereitschaft sind.
- **Informieren Sie sich in der Lokalzeitung über familienfreundliche Möglichkeiten, sich ehrenamtlich zu engagieren** : Suchen Sie nach Aktivitäten, bei denen Kinder mitwirken können, wie z. B. Leseunterricht, Sporttraining oder das Sammeln von Spenden für einen lokalen Zweck.
- **Beteiligen Sie sich an Wohltätigkeitsaktionen** : Sammeln Sie Dinge wie Teddybären für bedürftige Kinder oder Spenden für die örtlichen Lebensmittelbanken.

Bevor Sie mit Familienaktivitäten beginnen, erkundigen Sie sich bei örtlichen Organisationen nach altersgerechten Möglichkeiten für ehrenamtliches Engagement. Einige Organisationen haben möglicherweise Altersbeschränkungen, um die Sicherheit zu gewährleisten und eine emotionale Überstimulation bei jüngeren Kindern zu vermeiden.

Indem sie ihren Kindern eine karitative Ethik vorleben und sie dazu auffordern, sich auf ihrer Ebene zu beteiligen, können Eltern ihnen ein bleibendes Gefühl von Mitgefühl und Hilfsbereitschaft vermitteln.

CHAPTER 4

Grundprinzip 4: Förderung eines positiven und inte

Die Schaffung einer fördernden Umgebung ist entscheidend, um die Entwicklung, Aufrechterhaltung und Verallgemeinerung prosozialen Verhaltens bei Familienmitgliedern zu fördern. Es ist schwierig, zu teilen und sich zu kümmern, wenn man mit Negativität bombardiert wird. Umgebungen, die Empathie, Respekt und Inklusivität vermitteln, unterstützen die Entwicklung von Warmherzigkeit bei Familienmitgliedern. Wenn Kinder sich respektiert, akzeptiert und gehört fühlen, ist es wahrscheinlicher, dass sie anderen die gleiche positive Aufmerksamkeit schenken.

Unsere formale Definition der Schaffung einer Welt der Güte beginnt in unserem Zuhause. Ein Forschungsartikel von David Hamilton (Postdoc-Stipendiat im Kernlabor der Northeastern University), der 2018 im Scientific American erschien, stellte fest, dass Empathie, Mitgefühl und das allgemeine Wohlbefinden von Familienmitgliedern durch eine Veränderung der Dynamik in den meisten Haushalten positiv beeinflusst werden können. Diese Dynamik umfasste Inklusivität und Raum für emotionales Teilen innerhalb des Haushalts. Speziell für die Förderung von Liebe und

Güte bei Kindern argumentierte Hamilton, dass „Eltern, um mitfühlendere und fürsorglichere Kinder großzuziehen, möglicherweise einige ihrer Erziehungsmethoden überdenken und neu gestalten müssen". Mit ihren empathischen und kreativen Qualitäten hat unser Team, das sich entschieden hat, dem Geist von Hamiltons Argumentation zu folgen, 5 Grundprinzipien der Erziehung entwickelt. Die folgende Tabelle umreißt diese 5 Grundprinzipien. Der heutige Schwerpunkt liegt auf Grundprinzip Nr. 4.

GRUNDPRINZIPIEN DER ERZIEHUNG:

- Grundsatz Nr. 1: Das Wichtigste, was unsere Kinder jemals tun werden, ist, dass sie zu mitfühlenden Erwachsenen heranwachsen!
- Grundsatz Nr. 2: Mit gutem Beispiel voranzugehen, sagt unseren Kindern viel – Worte machen die Musik, die Melodie ist das Einfühlungsvermögen eines anderen.
- Prinzip Nr. 3: Die Schaffung einer freundlichen Welt beginnt zu Hause!
- Grundsatz Nr. 4: Es ist unsere Verantwortung, Mitgefühl zu fördern!
- Prinzip Nr. 5: Es liegt nicht immer auf der Hand, wie wir bei unseren Kindern Mitgefühl fördern. Suchen Sie also nach lehrreichen Momenten.

Eine Kultur der Akzeptanz schaffen

Akzeptieren Sie die Individualität Ihres Kindes, indem Sie seine einzigartigen Qualitäten und Unterschiede feiern. Dazu können Unterschiede im IQ und im akademischen Erfolg gehören, wenn Ihr Kind nicht in das traditionelle akademische Schema passt, körperliche Unterschiede und mehr. Eltern spielen ihre Kinder oft gegeneinander aus, indem sie ein Kind loben, oft das sportlichste oder akademisch erfolgreichste, und dieses Lob als Maßstab für Geschwister und Gleichaltrige verwenden.

Fördern Sie Verständnis und Mitgefühl für andere im sozialen Umfeld Ihres Kindes, indem Sie Respekt für die Unterschiede anderer vorleben und lehren. Es ist wichtig, eine Kultur zu Hause und in der Familie zu schaffen, in der Unterschiede und Vielfalt als Stärke betrachtet werden, da dies auch die Wertschätzung des Selbst fördert. Ermutigen Sie Ihr Kind, eine einzigartige Eigenschaft zu finden, die es in seinen Freundeskreis einbringt. In der Kindheit und im Teenageralter stehen Akzeptanz und Zugehörigkeit innerhalb sozialer Gruppen oft im Vordergrund. Helfen Sie Ihrem Kind, den Wert individueller Unterschiede zwischen den Mitgliedern einer Gruppe zu erkennen, der es angehört.

Sorgen Sie für Diskussionen in der Familie oder stellen Sie direkte Fragen zu Klassenkameraden oder Teammitgliedern, die möglicherweise Lern-, intellektuelle oder körperliche Unterschiede aufweisen, die zu Hänseleien führen. Fragen Sie, wie diese Ereignisse von Klassenkameraden und betroffenen Schülern an ihrer Schule oder in ihrem Verein wahrgenommen werden und was sie tun könnten, um die Kultur zu ändern. Informieren Sie Ihr Kind sachlich über Behinderungen und bringen Sie ihm bei, dass Menschen auch innerlich anders sind und dass man ihnen irgendwie entgegenkommen muss.

CHAPTER 5

Kernprinzip 5: Grenzen setzen und konsequente Disz

Grenzen setzen und konsequente, liebevolle Disziplin ist das fünfte Prinzip der fünf Grundprinzipien der Erziehung mitfühlender Kinder. Vom kleinsten Baby bis zum wildesten Teenager brauchen Kinder Grenzen – für ihre eigene moralische und soziale Entwicklung. Ohne klare Grenzen, Anleitung und angemessene Konsequenzen für schlechte Entscheidungen wird es Kindern sehr schwer fallen, richtig von falsch zu unterscheiden. Sie fühlen sich nicht für ihre Handlungen verantwortlich, entwickeln kein Mitgefühl für andere und sind nicht in der Lage, Widrigkeiten zu überwinden.

Allerdings ist auch zu viel Disziplin nicht ideal. Übertriebene oder einfach nur unfaire Disziplin kann Kinder emotional schädigen und sie zu Tyrannen oder häufigen Opfern von Mobbing auf dem Schulhof machen. Der Einsatz körperlicher Gewalt oder die Dämonisierung von Kindern kann die Wahrscheinlichkeit erhöhen, dass sie kriminell oder sogar kriminell werden.

Die beste Disziplin ist streng, aber fair und mit klaren Grenzen. Kinder sollten wissen, was sie erwartet, wenn sie die Regeln brechen.

Lassen Sie sie wissen, warum diese Regeln gelten – weil Sie sie lieben und möchten, dass sie sicher sind und zu verantwortungsvollen und fürsorglichen Mitgliedern der Gesellschaft heranwachsen. Kinderbetreuungsexperten empfehlen, angemessene Regeln und Konsequenzen mit Ihren Kindern zu besprechen und zu vereinbaren und diese anzupassen, wenn sie älter werden und mehr Verantwortung übernehmen können.

Festigkeit und Verständnis in Einklang bringen
Laut Dr. Darcia Narvaez, Psychologin an der University of Notre Dame, geht es bei guter Erziehung nicht darum, „Kinder zu kontrollieren, damit sie ordentlich sind und erfolgreich erscheinen". Vielmehr, so schreibt sie in *Psychology Today*, besteht das Ziel darin, sie auf eine Weise zu motivieren und zu führen, die gute innere Antriebe stimuliert, damit sie harmonisch funktionieren. Ein großer Teil des Erfolgs besteht darin, Strenge mit Verständnis auszubalancieren. Eltern brauchen Regeln und sollten Eltern und nicht Freunde sein, aber Kinder/Enkelkinder lernen aus Erfahrung. Indem man Kindern hilft, durch freundliche Strenge zu lernen, gute Entscheidungen zu treffen, können sie lernen, mit sich selbst und anderen mitfühlend zu sein und sind besser für das Leben in der Gemeinschaft und die Selbstverwirklichung geeignet.

Dr. Narvaez und ihr Team haben die „5 Grundprinzipien der Erziehung" zusammengestellt, um mitfühlende Kinder zu fördern, die auf einem solchen Verständnis der menschlichen Natur basieren.

Bei der Erziehung ist es ein schmaler Grat, Grenzen und Disziplin zu setzen und gleichzeitig Mitgefühl zu zeigen, sagt Vivian Diller, Ph.D., Psychologin mit eigener Praxis in New York City, wo sie mit Familien arbeitet. „Der beste Weg, dies zu tun, ist Disziplin", die den Kindern Richtlinien oder Regeln gibt, sagt sie. „Indem wir Grenzen setzen, bringen wir ihnen Werte, Empathie, Nachdenken vor dem Handeln und Konsequenzen bei", sagt sie, „all das ist Mitgefühl. Wir bringen ihnen auch Selbstkontrolle bei, die notwendig ist, um Wut zu zügeln und sich auf die Gefühle anderer einzustellen. Mit anderen Worten, genau der Wille und die kognitiven Fähigkeiten, die notwendig sind, um Mitgefühl zu zeigen, sind genau die Fähigkeiten und Absichten, die man lernt, wenn man Grenzen setzt und schließlich aus seinen eigenen Fehlern und Erfolgen lernt." Eltern müssen ein gutes Urteilsvermögen in Bezug auf Grenzen entwickeln, fügt sie hinzu. Ein Elternteil sollte sich fragen, ob eine Regel vernünftig ist und ob sie auf vernünftige Weise durchgesetzt wird.

CHAPTER 6

Die Rolle der Kommunikation bei mitfühlender Erzie

Kommunikation: So zeigen wir den Menschen um uns herum, dass wir sie lieben und verstehen. Wenn wir Kindern helfen, effektive Kommunikationsfähigkeiten zu entwickeln, profitieren sie nicht nur davon, dass sie lernen, ihre Gedanken und Gefühle effektiv auszudrücken. Sie lernen, den Ideen und Emotionen anderer aktiv zuzuhören, sich in sie hineinzuversetzen und für diejenigen einzutreten, deren Stimme zu leise ist, um gehört zu werden. Dies ist der Schlüssel zu einer mitfühlenden Zusammenarbeit, die über das Ausnutzen von Macht und Angst hinausgeht, um Anhänger zu gewinnen und Herzen zu öffnen.

In einer Welt, in der Mitgefühl oft als Schwäche betrachtet wird, können wir Kindern nicht beibringen, die Stärke zu finden, die sich aus Mitgefühl ergibt, ohne die Grundlagen des ethischen Dialogs zu verstehen. Ebenso wenig können wir erwarten, dass dieser Dialog initiiert wird, ohne ihn nachzuahmen. Man möchte Kinder großziehen, die das Gefühl haben, andere respektieren zu dürfen, die mit Menschen sprechen wollen, wenn sie leiden, und sie freundlich behandeln. Mary Gordon, Gründerin von Roots of Empathy, sagt

Eltern: „Wenn Ihre Kinder nicht gut kommunizieren können, ist das sehr schwer." Laut der psychopädagogischen Beraterin Michele Borba „sind auch freundliche, fürsorgliche und empathische Kinder gute Kommunikatoren." Umgekehrt sagt sie: „Wenn Ihr Kind nicht in der Lage ist, zu kommunizieren oder sich die Ansichten anderer anzuhören, wie soll es dann Mitgefühl ausdrücken oder jemandem in Not zuhören?" Ein starkes Grundprinzip der mitfühlenden Kommunikation ist, dass die Eltern oder Erzieher glauben, dass das Kind die Fähigkeit hat, ein solches Maß an Kompetenz ethisch zu entwickeln.

Aktives Zuhören und offener Dialog

Eltern können Mitgefühl bei ihren Kindern fördern, indem sie einen offenen Dialog führen und ihren Problemen und Kommentaren aufmerksam zuhören. Aktives Zuhören bedeutet, zuzuhören und wirklich zu verstehen, was die andere Person sagt. Das bedeutet auch, dass wir das Gesagte nicht beurteilen sollten, bis wir genau verstanden haben, was die andere Person zu sagen versucht. Denken Sie beim Zuhören daran, dass Zuhören offene und nonverbale Kommunikation beinhaltet. Manchmal erkennen wir Emotionen daran, wie eine Person sich hinlegt oder sich abwendet, wenn wir sprechen. Aktives Zuhören bedeutet auch, zu reagieren. Nachdem man gehört hat, was eine Person sagt, ist es oft ratsam, das Gesagte zu bestätigen, bevor man seine Meinung äußert oder zu gegenseitigem Verständnis gelangt.

Beim nonverbalen Zuhören bei Kindern geht es darum, Augenkontakt herzustellen, dem Kind zuzuhören und seinen Beitrag anzuerkennen. Es geht auch darum, dem Kind Zeit zu geben, zu sagen, was es denkt. Diese Art des Zuhörens kann Raum für Vertrauen zwischen Eltern und Kind schaffen und Kindern helfen, Empathie zu entwickeln, wenn der Zuhörer ein empathischer oder sensibler Zuhörer ist. Bei verbaler oder nonverbaler Kommunikation können Kinder (wie auch Erwachsene) spüren, wenn andere ihre Gefühle ausdrücken, und sie in diesem Moment durch ihre nonverbalen Gesten widerspiegeln.

Aktives Zuhören ist ein gutes Mittel, um mit Kindern zu sprechen, und es ist außerdem eine großartige Möglichkeit, eine bessere Kommunikation mit ihnen aufzubauen. Sie geben Ihrem Kind nicht nur die Möglichkeit, darüber zu sprechen, was es beschäftigt, sondern es hilft Ihnen auch dabei, Probleme zu erkennen, die möglicherweise angesprochen werden müssen. Es zeigt Kindern, dass sie wichtig sind. Kinder lernen besser durch Handeln, und aktive Kommunikation mit ihnen ist ein gutes Vorbild für die Erziehung. Die Reaktion eines Elternteils auf die Kommunikation eines Kindes (sei sie positiv oder negativ) zeigt dem Kind, wie es sich verhalten sollte, wenn es in Zukunft mit anderen kommunizieren möchte.

CHAPTER 7

Förderung der Belastbarkeit und des Selbstmitgefüh

Zwei wichtige Konstrukte, die sich positiv auf das geistige und emotionale Wohlbefinden auswirken, sind Resilienz und Selbstmitgefühl. Resilienz ist die Fähigkeit, nach einem Rückschlag wieder auf die Beine zu kommen, Widrigkeiten oder Herausforderungen zu überwinden und Biss oder eine wachstumsorientierte Denkweise zu entwickeln. Sie steht für den Mut und die Kraft, die Unannehmlichkeiten einer Situation zu ertragen und zu überwinden. Bei Kindern ist Resilienz sehr eng mit der Fähigkeit zur Problemlösung verbunden.

Immer mehr Belege deuten darauf hin, dass Selbstmitgefühl, das als nach innen gerichtete Freundlichkeit beschrieben wird, wenn wir uns selbst die gleiche fürsorgliche Reaktion entgegenbringen wie unseren Freunden, mit allgemeiner sozialer Kompetenz, allgemeiner Anpassung und weniger Angst- und Depressionssymptomen zusammenhängt. Es hilft sowohl dabei, das Unbehagen anzuerkennen, als auch sich selbst zu ermutigen, sich der Situation zu stellen. Die Förderung von Belastbarkeit und Selbstmitgefühl bei Kindern passt tatsächlich perfekt zum Prinzip der mitfühlenden Erziehung.

Es stellt sich die Frage, wie wir diese beiden Eigenschaften bei Kindern fördern können. Eltern sind die wichtigsten Sozialisationsakteure und können die Entwicklung dieser beiden wichtigen Tugenden stark beeinflussen. Hier sind einige Möglichkeiten, wie Eltern an diesen Fähigkeiten ihrer Kinder arbeiten können:

1. **Fördern Sie eine wachstumsorientierte Denkweise** : Bringen Sie den Kindern bei, dass Hindernisse keine Bedrohungen, sondern Chancen für Wachstum und Entwicklung darstellen.
2. **Lassen Sie sie Probleme lösen** : Anstatt die Probleme für sie zu lösen, lassen Sie sie zunächst das Gefühl haben, zu versagen, und helfen Sie ihnen dann, selbst Lösungen zu finden.
3. **Seien Sie ein Vorbild für Selbstmitgefühl** : Zeigen Sie eine mitfühlende Haltung sich selbst gegenüber, wenn Sie mit persönlichen Unzulänglichkeiten konfrontiert werden.
4. **Stärkenerkennung fördern** : Ermutigen Sie Kinder, ihre Stärken zu erkennen. Sich seiner Fähigkeiten bewusst zu sein und Vertrauen in sie zu haben, trägt zu einer widerstandsfähigeren Reaktion bei, die Hilflosigkeitsgefühle eindämmt.
5. **Modellieren Sie einen Problemlösungsansatz mit einer wachstumsorientierten Denkweise** : Zeigen Sie, wie Sie Probleme mit einer wachstumsorientierten Denkweise angehen.
6. **Fördern Sie Selbstmitgefühl** : Ermutigen Sie Kinder, ihre eigenen besten Freunde zu sein.

Eine wachstumsorientierte Denkweise entwickeln

Kinder werden ständig mit der Botschaft bombardiert, sie sollen die Besten sein – gute Noten bekommen oder bei Aktivitäten brillieren. Kinderpsychiater und -psychologen warnen vor der psychischen Belastung, die das Streben nach Perfektion mit sich bringt. Kindern eine wachstumsorientierte Denkweise beizubringen, kann eines der größten Geschenke sein, die Eltern ihren Kindern machen können.

Dr. Kristin Neff, eine führende Forscherin auf dem Gebiet des Selbstmitgefühls, untersuchte, wie Menschen bei einem unlösbaren Anagramm durchhielten oder aufgaben. Sie fand heraus, dass Menschen mit einer starren Denkweise und internen Zuschreibungen sich selbst die Schuld dafür gaben, dass sie das Rätsel nicht lösen konnten. Menschen mit einer wachstumsorientierten Denkweise oder der Überzeugung, dass sie es beim nächsten Mal besser machen würden, gaben sich mehr Mühe und blieben auch bei Rückschlägen widerstandsfähig.

Anhänger einer Wachstumsmentalität wie Carol S. Dweck, eine Forscherin an der Stanford University, stellten fest, dass Kinder mit einer „festen" Mentalität ihre Intelligenz für eine feste Eigenschaft hielten, über deren Ergebnisse sie kaum Kontrolle hätten. Solche Kinder haben oft das Gefühl, dass sie etwas beweisen müssen. Kinder mit einer Wachstumsmentalität hingegen betrachten Talente und Fähigkeiten als Ausgangspunkte. Sie glauben, dass sie durch Hingabe, harte Arbeit und Anstrengung ihr volles Potenzial erreichen können. Dweck versteht, dass die Kraft des „Noch" und das Anerkennen gegenwärtiger Kämpfe (was zu einer Wachstumsmentalität führt) im Wesentlichen ein Akt des Selbstmitgefühls ist.

Eine wachstumsorientierte Denkweise bei Erwachsenen zu fördern, ist etwas Schönes und Kraftvolles. Warum also nicht schon in der Kindheit damit beginnen? Wenn man ihnen die verschiedenen Bedeutungen von Versagen, Vorbereitung, Möglichkeit, Chance und Enttäuschung beibringt, hilft ihnen das, Resilienz und Selbstmitgefühl zu entwickeln.

CHAPTER 8

Herausforderungen und Hindernisse bei der Kinderer

So wie Frieden nicht einfach die Abwesenheit von Krieg ist, ist Mitgefühl nicht einfach die Abwesenheit von Grausamkeit oder Leid. Angesichts von Herausforderungen, die wir alle von Zeit zu Zeit erleben, beinhaltet Mitgefühl auch respektvolles Verständnis, Freundlichkeit und sogar echte Wärme. Es ermöglicht uns, den „Instinkt für Glück" einer anderen Person zu respektieren, wie der Dalai Lama es beschreibt – etwas, das wir von Geburt an teilen. Dies ist ein sehr wichtiger Punkt, den wir bei der Erziehung unserer Kinder berücksichtigen sollten. Wenn wir Probleme ansprechen, die unsere Kinder mit anderen haben – von leichten Hänseleien bis hin zu extremem Mobbing –, ist es sehr leicht, mit Ihren Kindern in einen Streit zu geraten und Mitgefühl für andere als nichts anderes als Kapitulation zu betrachten. Dies ist jedoch bei weitem nicht der Fall. Wahres Mitgefühl beinhaltet, Mitgefühl mit Ihrem Kind zu haben, aber auch respektvoll zu verstehen, was andere dazu bringen könnte, grausam zu handeln. Sie müssen darauf achten, über die Gründe für grausame Handlungen anderer auf eine Weise zu sprechen, die Ihrem Kind nicht das Gefühl gibt, für die Art und

Weise verantwortlich zu sein, wie es behandelt wird. Stattdessen vermitteln Sie ihm eine viel ausgewogenere Sicht darauf, was wirklich vor sich gehen könnte.

Warum ist Therapie so attraktiv – besonders für Kinder? Die Antwort ist einfach: Wir sehnen uns danach, gehört und respektiert zu werden. Wir sehnen uns nach Empathie. Jedes Mal, wenn Sie spüren, dass Ihr Mitgefühl in den Hintergrund tritt, stellen Sie sich vor, Sie wären ein fünfjähriges Kind, das von einem Freund, der Ihr Vertrauen missbraucht hat, unfair behandelt wird, oder ein zwölfjähriges Mädchen in der achten Klasse, das verzweifelt versucht, seinen einzigartigen, sich ständig verändernden, schlanken Körper den unmöglichen, statischen Schönheitsbildern anzupassen, mit denen es Tag für Tag bombardiert wird. Oft ist es genau das, was unsere Kinder von uns brauchen: uns in ihre Lage zu versetzen oder, noch besser, einfach nur ihren Erfahrungen zuzuhören, ohne zu versuchen, etwas zu „reparieren" oder zu lösen. Wenn Sie sich die Zeit nehmen, diesen Sorgen ohne Vorurteile zuzuhören, schaffen Sie einen sicheren Raum, in dem Kinder widerstandsfähiger werden. Wenn Ihr Kind sich nicht gehört fühlt, wird es Schwierigkeiten haben, offen für das zu sein, was Sie zu sagen haben.

Umgang mit Mobbing und Gruppenzwang

Heutzutage beschränkt sich Mobbing nicht mehr nur auf körperliche Gewalt. Es kann auch über das Internet verbreitet und durch Ausgrenzung, Gerüchteverbreitung und Cybermobbing aufrechterhalten werden. Jedes vierte Kleinkind berichtet, Opfer solcher Angriffe geworden zu sein. Jeder verantwortungsbewusste Elternteil ist angesichts einer solchen Aussicht zu Recht beunruhigt. Doch unser natürlicher Schutzimpuls kann zu weit gehen, wenn wir uns Fälle von Spott oder Aggression vorstellen, denen unsere Kinder ausgesetzt sein könnten. Wir können die Situation zu dramatisch darstellen, übervorsorglich werden und die Widerstandsfähigkeit unserer Kinder untergraben.

Eltern machen sich oft Sorgen darüber, wie sie Mobbing verhindern können, aber sie denken möglicherweise nicht darüber nach, wie sie ihren Kindern helfen können, es zu verarbeiten und hinterher weiterzumachen. Wie viel bedeuten die Freundschaften Ihres Kindes für sein Glück? Wie fühlt es sich, wenn es sieht, wie jemand anderes gemobbt, gehänselt oder ausgeschlossen wird? Es gibt eine Fähigkeit, die allen anderen Handlungen Ihres Kindes zugrunde liegt, die es aufgrund dieser Verbindungen treffen könnte, und das ist Empathie – sich in die Lage eines anderen zu versetzen. Wenn Sie Ihr Kind seine Handlungen von Empathie leiten lassen, wird es viel dazu beitragen, freundliche und mitfühlende Entscheidungen zu treffen. Es ist wichtig, klare Werte zu vermitteln, wie etwa die Bedeutung von Gemeinschaft, Großzügigkeit, den Widerstand gegen Ausgrenzung usw. Es ist nett, Ihr Kind in angespannten Momenten an einen bestimmten Wert zu erinnern (und oft auch effektiv: „Was würdest du tun, wenn jemand deinen Freund schubst?").

CHAPTER 9

Vielfalt feiern und Inklusivität in der Kindererzi

Als Eltern müssen wir anfangen, über alle Bedeutungsnuancen, Emotionen und Wahrnehmungen zu sprechen und unsere Kinder mit ihnen vertraut zu machen, die unsere enorm vielfältige menschliche Erfahrung ausmachen. Ob es um die Geschichten und Traditionen von Menschen mit unterschiedlichem Glaubenshintergrund geht oder um Aufklärung über das Leben von Menschen unterschiedlicher Rasse, Geschlechts oder sexueller Orientierung: Wenn wir Vielfalt und Inklusivität akzeptieren, bewegen wir uns direkt dazu, Kinder großzuziehen, die für sich selbst eintreten können und die versuchen, andere einzubeziehen. Hier sind fünf Möglichkeiten, wie Eltern an diesen Prinzipien arbeiten können:

1. **Vorbildlicher guter Nachbar** :
    - Lernen Sie Menschen kennen, die anders sind als Sie, und fragen Sie sie nach ihren Erfahrungen. Informieren Sie sich über verschiedene Traditionen und Feste in Ihrer Gemeinde.

- Teilen Sie Ihre Geschichten und Ihr Familienerbe mit Ihren Kindern. Besuchen Sie kulturell und ethnisch vielfältige Orte.
- Auf Festivals oder besonderen Veranstaltungen können Sie verschiedene Speisen, Spiele, Kunst, Tänze und Musik kennenlernen und genießen.
- Außerdem erfahren Sie Interessantes über die Menschen, Familien und Traditionen in Ihrer Gemeinde.

2. **Entwickeln Sie die 3 Ds – Dialog, Unterschied, Würde** :
   - Glauben Sie daran, dass jedes Kind, das auf dieser Welt geboren wird, ebenso wie jeder Erwachsene ein wertvoller Mensch ist, der das Potenzial hat, seiner Gemeinschaft etwas zu geben und einen sinnvollen Beitrag zu leisten.
   - Um Kinder großzuziehen, die erfolgreich sind und einen positiven Unterschied in der Welt machen, müssen sie intensiv mit Unterschieden konfrontiert werden und die Möglichkeit haben, ein respektvolles und komplexes Verständnis für sich selbst und andere zu entwickeln.

3. **Finden Sie heraus, wer Ihre Nachbarn sind** :
   - Helfen Sie Ihren Kindern, die Welt in ihrer ganzen Vielfalt zu akzeptieren, und geben Sie ihnen authentische Möglichkeiten, Menschen aus anderen Kulturen kennenzulernen.

Verschiedene Kulturen und Traditionen entdecken

Wir müssen nicht weiter als bis zu den turbulenten Ereignissen des Jahres 2021 blicken, um zu sehen, dass unsere Gesellschaft weiterhin von tiefen Spaltungen geprägt ist, von denen einige zu erheblicher Feindseligkeit und Unruhe geführt haben. Natürlich stellt dies eine interessante Herausforderung für Eltern dar, die versuchen, verständnisvolle und mitfühlende Kinder großzuziehen. Die Vorbereitung Ihrer Kinder auf eine pluralistische Welt beginnt damit, dass Sie bereits in jungen Jahren die Inklusivität innerhalb der Familie fördern. Die in diesem Abschnitt erörterten Grundsätze zielen darauf ab, Ihre Kinder einem vielfältigen Spektrum kultureller Erfahrungen auszusetzen. Das Ergebnis ist, dass Kinder Einblicke in das Leben, die Ansichten und Bräuche anderer erhalten – ein erster Schritt zur Entwicklung von Empathie und Mitgefühl für Menschen aus aller Welt.

Eine der effektivsten Möglichkeiten, Ihren Kindern beizubringen, einfühlsame Menschen zu sein, besteht darin, durch Ihr Verhalten zu zeigen, dass Sie eine vielfältige Gruppe von Menschen wertschätzen und gerne mit ihnen interagieren. Halten Sie sich nicht davon ab, Menschen wertzuschätzen, die anders sind als Sie, und versuchen Sie nicht, es vor Ihren Kindern zu verbergen. Wenn Sie jemanden für seine andere Sichtweise auf die Welt bewundern, sagen Sie es ihm. Wenn Ihr Lob groß genug ist, wird das Kind oft ein Gespräch mit der Person über ihre Kultur oder Tradition beginnen. Dies ist eine einfache und unkomplizierte Möglichkeit, die Kluft zwischen den verschiedenen Kulturen in Ihren verschiedenen Gemeinschaften zu überbrücken.

Darüber hinaus kann es helfen, Ihr Kind zu einem Weltbürger zu machen, wenn Sie es durch Nachrichten, Zeitungslesen oder Internetblogs besser über das Weltgeschehen aufklären. Wenn Ihr Kind besser über das Weltgeschehen informiert ist, kann es sich der Probleme seiner Altersgenossen in anderen Ländern bewusster werden.

CHAPTER 10

Die Bedeutung der Selbstfürsorge für Eltern bei de

Für Eltern, die mitfühlende Kinder großziehen möchten, ist Selbstfürsorge unerlässlich. Je mehr Sie sich um Ihr eigenes Wohlergehen kümmern, desto besser können Sie sich um das Ihres Kindes kümmern. Ihr ruhiges Verhalten wirkt beruhigend auf Ihr Kind. Wenn Sie der Wahrnehmung Ihrer Person als Elternteil Vorrang vor den tatsächlichen Gefühlen und Bedürfnissen Ihres Kindes geben, wird dies Ihre Fähigkeit beeinträchtigen, Ihrem Kind zu helfen, Beziehungen aufzubauen und mitfühlend mit anderen zu sein.

Geistiges und körperliches Wohlbefinden haben Priorität

Als engagierter Elternteil möchten Sie das Beste für Ihre Kinder. In einer Zeit enormer kultureller und sozialer Veränderungen kann es schwierig sein, Kinder in die Richtung zu lenken, die ihnen und ihrem Erfolg im Leben am meisten nützt. Trotz all dieser Veränderungen sind die beiden Ziele, fürsorgliche Kinder großzuziehen und ihr soziales, emotionales und moralisches Wohlbefinden zu fördern, über Generationen hinweg weitgehend unverändert geblieben. Glücklicherweise deuten Forschungsergebnisse darauf hin, dass Eltern positive Veränderungen bewirken können, indem sie die Geburtsrechte ihrer Kinder stärken, damit diese ihr Potenzial als mitfühlende, fürsorgliche Individuen entfalten können. Um optimal wirksam zu sein, ist eine grundlegende Voraussetzung für mitfühlende Erziehung, dass die Eltern ihr eigenes geistiges und körperliches Wohlbefinden in den Vordergrund stellen.

Ihr geistiges und körperliches Wohlbefinden ist die Voraussetzung dafür, dass Sie Stärken fördern und im Leben Ihres Kindes ein Vorbild für Mitgefühl werden können. Wenn es Ihnen gut geht, verkörpern Sie ein Vorbild für geistiges Wohlbefinden, das mitfühlende, empathische Fürsorge vermitteln kann. Auf diese Weise lehren bibliotherapeutische, psychoedukative Ansätze Eltern, auf sich selbst zu achten, damit sie effektiv und mitfühlend handeln können. Indem Eltern bewusst ihr eigenes Wohlbefinden steigern, können sie dazu beitragen, die gesunde soziale, emotionale und sogar finanzielle Zukunft ihrer Kinder zu gestalten.

Sich auf die eigene geistige und körperliche Gesundheit zu konzentrieren, wenn die Kinder Probleme haben und Schmerzen haben, kann fast unmöglich erscheinen, doch Mitgefühl ist keine erschöpfliche Ressource. Forschungsergebnisse deuten darauf hin, dass Eltern, die mitfühlende Erziehungsmethoden anwenden, ihr Rückfallrisiko senken und selbst in der akuten Phase einer schweren Depression weniger depressive und ängstliche Symptome aufweisen. Studien zeigen, dass Eltern, die stärkenbasierte Interventionen praktizieren und sich bewusst dafür entscheiden, ihr eigenes Wohlbefinden zu steigern, in vielerlei Hinsicht davon profitieren und infolgedessen auch ihre Kinder davon zu profitieren scheinen. Letztlich sind Kinder, die von Eltern aufgezogen werden, die in Mitgefühl geschult wurden, offen dafür, mitfühlende Lebensweisen zu erlernen.

Fazit: Den Weg der mitfühlenden Erziehung beschrei

Für Shannon Hough lässt sich die Praxis der mitfühlenden Erziehung nicht auf eine einzige Sache oder Eigenschaft reduzieren. In den vielen miteinander verbundenen Entscheidungen, Interaktionen, Einstellungen und Fähigkeiten, die sie vermittelt, wird die Erziehung selbst zu einer kreativen Übung darin, wie Mitgefühl aussehen kann. Dabei geht es darum, Werte zu vermitteln und nach Möglichkeiten zu suchen, freundlicher und näher zusammenzuwachsen und Schönheit, Liebe und Spaß zu schaffen. Auf vielfältige und manchmal redundante Weise werden die fünf Kernprinzipien der mitfühlenden Erziehung hervorgehoben, wobei ein ganzheitlicher statt eines atomistischen Fokus bevorzugt wird. Tatsächlich ist die Vermittlung von Werten eine Arbeit, die nie vollständig abgeschlossen ist; für die Eltern, die sich dafür entscheiden, ist Mitgefühl ein lebenslanges Projekt.

Die Praxis der Führung und Förderung, die sich bei mitfühlender Erziehung entfaltet, ist das Thema dieses Essays. Dabei werden die Grundprinzipien anhand der Verpflichtungen und Einstellungen verfolgt, die sich daraus für Eltern ergeben. Ein solcher Erziehungsstil macht aus dem eigentlichen Prozess der Kindererziehung eine Verpflichtung zur mitfühlenden Förderung großartiger Menschen. Durch die Betrachtung der gemeinsamen Gestaltung eines gemeinsamen Lebens und der Arbeit an der Pflege von Werten wird die Geschichte der Erziehung und, allgemeiner, das geduldige und sanfte Ziel, die Teilnehmer in neue und bessere Menschen zu verwandeln, dargestellt. Eine beziehungsorientierte und aufmerksame, mitfühlende Erziehung lässt aus einem Grund nur wenige Verallgemeinerungen darüber zu, was Ihr Kind im Umgang mit ihm braucht: Alle Menschen (auch kleine) sind einzigartig und was sie brauchen, um zu Vorbildern echter Schönheit heranzuwachsen, lässt sich nicht in Schritt-für-Schritt-Anleitungen kodifizieren.

Wenn Sie sich auf den Weg einer mitfühlenden Erziehung begeben, müssen Sie verstehen, dass es sich um einen kontinuierlichen und sich entwickelnden Prozess handelt. Es geht darum, offen zu sein für Lernen, Wachstum und Anpassung, während Sie und Ihr Kind gemeinsam durchs Leben gehen. Jede Interaktion und jede Entscheidung, die Sie treffen, legt den Grundstein für eine mitfühlende Zukunft, nicht nur für Ihr Kind, sondern auch für die Welt, die es mitgestalten wird.